LA VIE ET LA MORT

du Prince Royal

DUC D'ORLÉANS.

PARIS,

G. KUGELMANN, ÉDITEUR, RUE JACOB, 25.

1842.

Paris. — Typ. **LAGRAMPE** et C⁹, rue Damiette, 2.

LA VIE ET LA MORT

du Prince Royal

DUC D'ORLÉANS.

C'est le cœur navré, les yeux baignés de larmes et la main agitée par l'émotion la plus douloureuse, que nous traçons ces lignes. Hier encore, ce prince, l'espoir de la France, était plein de santé, de force et de jeunesse; chéri de sa famille, aimé du peuple, de longues années de bonheur semblaient lui être promises; bon fils, heureux père, la Providence, attentive à combler ses vœux, le payait par de douces et nobles joies des vertus qu'elle lui avait jetées au cœur, où toutes avaient pris racine; sa place était marquée sur le plus beau trône de l'univers qu'il était si digne d'occuper, et voilà que la main de Dieu le retire tout à coup de ce monde, que l'exemple de ses belles et grandes qualités eût pu rendre meilleur!... Mon Dieu! combien vos desseins sont impénétrables! et de quelle terreur le méchant doit être frappé, en vous voyant, en apparence du moins, si sévère pour le juste!...

Le duc d'Orléans, d'abord duc de Chartres (Ferdinand-Philippe-Louis-Henri-Joseph), ne devait pas atteindre sa 32e année! Fils aîné du roi Louis-Philippe et de Marie-Amélie, fille de Ferdinand IV, roi des Deux-Siciles, il naquit le 3 septembre 1810 à Palerme, où s'étaient retirés Ferdinand et sa famille, alors que le trône de Naples était successivement occupé par Joseph Napoléon et Murat. Quatre ans après, les événements politiques ayant changé la face de l'Europe, Louis-Philippe, dont le cœur tout français gémissait des malheurs de son pays, s'empressa de se rendre à Paris, où il arriva bientôt avec sa femme et son fils, et l'on put dire avec vérité que, ce jour-là, il y avait dans la capitale trois Français de plus, car en épousant un prince français, Marie-Amélie avait sincèrement adopté la France pour sa nouvelle patrie; et les premiers mots qu'avait bégayés son fils au berceau étaient des mots français.

Le duc de Chartres n'avait pas encore quatre ans lorsqu'il arriva à Paris, au mois d'août 1814, et déjà son intelligence était remarquable. Son père l'ayant présenté au roi :

« Que ferons-nous de ce beau garçon-là? dit Louis XVIII,

— Il faut me faire soldat, comme mon papa, répondit l'enfant d'un ton résolu.

— Oh! oh! monsieur le matamore! Eh! que ferez-vous d'un sabre plus grand que vous?.

— Je le tiendrai à deux mains jusqu'à ce que je sois plus grand que lui, répliqua-t-il. »

On aime à se rappeler ces particularités qui annoncent un noble cœur et des instincts généreux.

Lors du retour de Napoléon, le 20 mars 1815, la famille d'Orléans chercha un asile en Angleterre, d'où elle revint au commencement de 1816. Louis-Philippe, suivant dès lors l'impulsion de sa conscience, prit une attitude franchement constitutionnelle, et malgré les efforts d'une sorte de gouvernement occulte qui poussait le roi et les chambres dans les voies d'une réaction violente, il ne cessa de se montrer le partisan éclairé des idées libérales; ainsi, il déclara qu'à l'exemple du Béarnais, leur aïeul,

> Seul prince dont le peuple ait gardé la mémoire,

ses enfants jouiraient des bienfaits de l'éducation publique; en conséquence, le jeune duc de Chartres fut placé au collége de Henri IV, où, en même temps qu'il participait, avec les enfants des simples citoyens, aux avantages d'une éducation commune, il reçut aussi cette instruction variée et profonde qui convient au fils d'un roi. Nous nous rappelons tous avec quel succès il fit ses études classiques, et avec quel enthousiasme fut accueilli son nom plusieurs fois proclamé au grand concours, car à l'âme fortement trempée de son père, il joignait cette

bonté qui tout d'abord avait fait chérir sa mère. Tous ses camarades de collége ont été et sont demeurés ses amis ; tous
voyaient sans envie et avec bonheur ses succès universitaires,
dont il n'était heureux lui-même qu'à cause de la joie qu'en
ressentait sa famille.

Et comment ses condisciples ne l'eussent-ils pas aimé, lui
qu'ils trouvaient toujours prêt à leur tendre une main amie,
lui dont le cœur généreux soutenait le faible, venait en aide au
nécessiteux, s'ingéniait à atténuer les fautes des plus ardents ,
n'ayant rien à lui que les brillantes qualités dont le ciel l'avait
doué ! Aussi, dès qu'il y avait au collége quelque malheur à
réparer, quelque bonne action à faire, ces mots étaient spon-
tanément prononcés par tous les élèves : *Il faut dire cela à d'Orléans.*

Lorsque le prince était en quatrième, les premières places
lui étaient souvent disputées, et quelquefois avec succès, par le
jeune L....., fils d'un petit commerçant peu aisé. Un jour de
composition, L...., les larmes aux yeux, dit à son rival :

« D'Orléans, ce ne sera plus moi, désormais, qui vous empê-
cherai d'être le premier.

— Pourquoi donc, mon ami ? nous combattons d'ordinaire
à armes égales, et, vainqueur ou vaincu, vous n'en êtes pas
moins pour moi un bon camarade que j'aime de tout mon
cœur.

— Et moi aussi, je vous aime, et je me trouvais bien heureux ici ; mais je vais en sortir. Mon père n'a payé ma pension

jusqu'ici qu'en s'imposant les plus dures privations ; maintenant ces privations ne suffisent plus pour combler le déficit..., Je ne finirai pas mes études.

De grosses larmes roulaient sur les joues du pauvre enfant pendant qu'il parlait. Le prince lui prit affectueusement les mains :

— Vous les finirez, mon cher L...., lui dit-il ; l'argent que l'on me donne pour mes menus-plaisirs peut suffire à payer votre pension, et à quoi puis-je le mieux employer qu'à conserver un camarade aux efforts duquel je dois mes succès?..... Vous resterez ici, mon ami, fallût-il pour cela un ordre exprès du roi ! mais il suffira, je l'espère, que vous me fassiez parler à votre père ; cela ainsi restera entre nous, et n'en vaudra que mieux.

Le fils du pauvre commerçant resta au collége, et cette belle action serait resté ignorée, si la reconnaissance n'avait poussé le jeune L.... à la proclamer.

L'histoire, la géographie, les mathématiques et les sciences qui s'y rattachent, les principes de l'art militaire et ceux de l'administration, enfin les différents exercices de corps, occupèrent tour à tour les jeunes années du duc de Chartres ; il apprit en outre la plupart des langues de l'Europe, et bientôt il parla avec la même facilité, avec la même élégance, le français, l'italien, l'allemand et l'anglais. Ces études si variées ne lui coûtaient pas le moindre effort, doué qu'il était d'une conception prompte, d'un coup d'œil juste et d'un besoin incessant de savoir. Dans quelque classe de la société que le hasard l'eût fait naître, ce prince eût certainement été l'un des hommes les plus remarquables de son temps ; sur le trône, il eût été le modèle des rois.

Le duc de Chartres venait d'atteindre sa dix-huitième année, lorsqu'il partit avec son père pour visiter l'Angleterre et l'E-cosse. Partout il reçut l'accueil distingué que lui méritaient ses heureuses qualités, car il suffisait de le voir pour se sentir disposé à l'aimer, et quiconque le connaissait bien l'admirait. Lors de son retour en France, en 1829, il fut nommé colonel du premier régiment de hussards, et il se rendit aussitôt au camp de Lunéville, pour prendre le commandement de ce corps d'élite.

A cette époque, Louis-Philippe ne craignait pas d'honorer de son amitié les membres les plus célèbres de l'opposition, offrant un asile dans sa maison aux victimes du pouvoir. C'est ainsi qu'il écrivait à Casimir-Delavigne disgracié : « *Le tonnerre est tombé dans votre maison : la mienne vous est ouverte.* » La cour pensait avec raison que le duc de Chartres partageait les opinions de son père, et la camarilla, c'est-à-dire le gouverne-ment occulte que l'avénement de Charles X n'avait fait que rendre plus puissant, se réjouissait de cette disposition d'esprit du jeune prince, pensant qu'il serait facile de le faire tomber dans quelque piége ayant pour but une disgrâce éclatante et capable d'éloigner pour toujours des affaires du pays la famille d'Orléans ; mais l'esprit du duc de Chartres avait mûri avant l'âge ; sa réserve et sa prudence mirent en défaut l'habileté des ennemis de sa famille. Exact à remplir ses devoirs, refusant de prêter l'oreille aux propos malveillants que l'on répétait autour de lui , il força à la retraite les émissaires envoyés près de lui dans de perfides intentions. D'ailleurs , ses capacités incontestables , son affabilité , lui valurent promptement l'estime des officiers et l'amour du soldat , et , le plus jeune des colonels de l'armée , il en fut en même temps le plus respecté.

Cependant, depuis le 8 août 1829, un ministère insensé menaçait la France de coups d'État, Le 26 juillet 1830, parurent dans le *Moniteur* les fatales ordonnances. La population de Paris court aux armes, et trois jours après il ne restait plus à la branche aînée des Bourbons aucun espoir de remonter sur le trône, dont la colère du peuple l'avait chassée. A la première nouvelle de ces grands événements, le duc de Chartres, alors en garnison avec son régiment à Joigny, partit précipitamment pour Paris. Arrivé le 1er août à Montrouge, la garde nationale de cette commune refuse de le laisser entrer dans Paris.

— Mes camarades , dit le prince, je suis citoyen français comme vous; que celui qui a quelque chose à me reprocher élève la voix ! Comme vous, j'aime ma patrie; ma vie lui appartient; je viens me mettre à sa disposition.

Ces nobles paroles furent comprises; les rangs s'ouvrirent; le prince allait franchir la barrière; mais le maire de la commune, pensant que dans l'état de surexcitation où se trouvaient les esprits, le moindre malentendu pourrait être fatal à ce noble jeune homme, l'invita à attendre qu'on lui eût été chercher des passe-ports à l'hôtel-de-ville. Le duc de Chartres y consentit; en même temps il envoyait un courrier à Neuilly, lequel lui rapporta promptement des nouvelles de sa famille. Alors, sans attendre les passe-ports, le jeune colonel retourna à Joigny, fit passer dans le cœur de ses soldats l'enthousiasme dont il se sentait animé, et le 3 août il revint à la tête de son régiment, le premier qui soit entré dans Paris avec le drapeau tricolore.

Devenu duc d'Orléans par suite de l'avénement de son père au trône des Français, le duc de Chartres sollicita et obtint l'honneur d'un commandement dans l'armée française envoyée au secours des Belges, battus par les Hollandais et sur le point de subir une restauration honteuse.

— Un peuple qui combat pour son indépendance est invincible! dit le jeune prince à ses troupes lorsqu'il se mit à leur tête pour marcher à l'ennemi, et l'indépendance des Belges est intimement liée à la nôtre; il s'agit donc ici de vaincre ou de mourir!

Mais les Hollandais ne laissèrent pas cette alternative à nos braves soldats, et à la vue du drapeau tricolore, ils prirent la fuite.

Quelque juste qu'elle soit, une révolution ne se fait pas sans qu'il en résulte de graves perturbations; la révolution de juillet avait porté un coup funeste à un grand nombre d'industries; les ouvriers en soieries de Lyon étaient surtout dans une situation déplorable. La misère est mauvaise conseillère; ces malheureux, manquant de pain, prirent les armes, et écrivirent sur leurs drapeaux : *Vivre en travaillant ou mourir en combattant !* L'insurrection fut terrible; le sang coula à flots, puis force resta à la loi; mais il y avait bien des douleurs à calmer, des plaies profondes à cicatriser; ce fut au jeune duc d'Orléans que le roi confia le soin de remplir cette grande et noble tâche. Le prince se rendit à Lyon, accompagné du maréchal Soult, et bientôt, grâce à lui, les esprits se calmèrent, les malheureux ouvriers eurent du travail et du pain, et les malheurs de la guerre civile furent autant que possible réparés. C'est qu'il y avait place dans ce grand cœur pour tous les sentiments généreux; il sentait qu'il fallait beaucoup pardonner à ces infortunés qui avaient tant souffert, et partout il s'était montré à la hauteur de la grande mission dont le roi, son père, l'avait chargé.

Mais d'autres maux encore allaient fondre sur la France. Le choléra asiatique, après avoir franchi les Balkans, parcouru la Russie, décimé la brave armée polonaise, vint éclater comme une bombe au sein de la capitale de la France; on doutait encore de ce malheur, que déjà des centaines de victimes avaient succombé; bientôt la terreur et la désolation se répandirent dans le peuple, et la peur du fléau commença à faire autant de ravages que le fléau lui-même. Il fallait rassurer le peuple, lui prouver que le mal n'était point contagieux; mais qui consentira à courir tant de dangers? qui viendra risquer, sans gloire, sa vie dans les lugubres salles d'un hôpital d'où l'on extrait jusqu'à cent cadavres par heure? Sera-ce un homme dont la vie bien remplie est arrivée à la vieillesse? Non! ce sera un jeune homme de vingt-deux ans à peine ; le fils aîné du roi, un prince qui voit s'ouvrir devant lui une vie longue, heureuse et glorieuse! C'est d'un pas ferme, avec un visage calme, qu'il parcourt l'Hôtel-Dieu, ce réceptacle de misères et de douleurs ; c'est avec un front serein et de douces paroles de consolation qu'il s'arrête près de chaque moribond ; à l'un, il tâte le pouls ; à un autre il essaie de faire prendre une potion ; au cœur de tous il fait pénétrer un divin rayon d'espérance! Oh! c'était un divin spectacle que celui-là ! Nous voyons encore ce jeune prince, brillant de jeunesse et de santé, marcher lentement dans ces longs sépulcres peuplés de morts et de mourants, ayant la peste pour escorte, et ne se doutant pas, l'homme sublime, qu'il se plaçait ainsi plus haut que tous les héros de l'antiquité !

Cette visite eut les résultats les plus salutaires : les malades reprirent confiance ; ils se raidirent contre le mal qui menaçait de les tuer, se montrèrent plus dociles aux prescriptions des médecins ; en trois jours la mortalité diminua de moitié, et bientôt le fléau disparut.

Déjà, ainsi que nous l'avons dit plus haut, l'armée française était intervenue pour consolider l'indépendance de la Belgique, menacée par l'armée hollandaise ; mais toutes les difficultés n'étaient pas levées de ce côté : les Hollandais occupaient la citadelle d'Anvers qu'ils refusaient d'évacuer. Dans l'impossibilité d'agir seul , le roi des Belges s'adressa de nouveau à la France, demandant que le roi des Français voulût bien donner des ordres pour que les troupes françaises entrassent sur le territoire belge, dans le but de forcer les Hollandais à se retirer.

Le 15 novembre 1832, l'armée française entra en Belgique, et trois jours après, le duc d'Orléans fit son entrée à Bruxelles à la tête de l'avant-garde. Le 19 novembre , les têtes de colonne se montrèrent dans les environs d'Anvers. Le 22 , le duc d'Orléans, commandant l'avant-garde, prenait position sur la route de Breda à Rosendaal. Dix jours furent employés aux travaux préliminaires ; enfin , le 29 novembre, l'ordre d'attaquer est donné. Le même jour, à dix heures du soir, la tranchée fut ouverte par 4,500 hommes sous le commandement du duc d'Orléans, qui avait vivement sollicité ce dangereux honneur , bien qu'en sa qualité de général de cavalerie , il eût pu et dû peut-être s'en dispenser.

Enfin le 4 décembre , à onze heures du matin , les batteries françaises ouvrirent leur feu contre la citadelle, en présence du maréchal Gérard , que le duc d'Orléans accompagnait. Des efforts inouïs signalèrent chacun des jours de ce siége mémorable, classé, par les plus vieux officiers, parmi les plus extraordinaires des temps modernes. Les infirmiers furent souvent insuffisants pour emporter nos blessés. Le duc d'Orléans se montrait partout , encourageant les artilleurs, et montant souvent sur les parapets exposés à la mousqueterie de la place, pour régulariser le pointage. Ce fut ainsi qu'il se fit connaître et aimer de l'armée que son courage électrisait. « La place semblait un volcan, dit un officier qui assistait à ce grand fait d'armes. Les nuits surtout étaient terribles, et rien ne pourrait donner une idée du silence qui régnait au milieu du plus horrible bruit. Les civières, parcourant les travaux, enlevaient les membres, les cadavres et les corps mutilés. Pas un cri, pas une plainte, pas un signe de découragement : tout allait comme poussé par une force irrésistible. Les chaînes des servants de pièces étaient en vain rompues, rien ne ralentissait le passage des aliments du feu. Les bouches de nos pièces brûlantes vomissaient les charges sans qu'il fût besoin de mettre le feu : la lumière découverte, le coup partait. La fumée dessinait une autre nuit dans cette nuit déjà si sombre ; et c'est à travers ce nuage de poudre que se heurtaient les projectiles. Puis le jour venait éclairer ces scènes de carnage. Que de sang autour de nos pièces ! Que de membres échappés aux ambulances de nuit ! Et le matin, au milieu de cette boucherie, des éclats de rire et des chants de vaudeville ! »

C'était là, sous une grêle de balles et de boulets, que le duc d'Orléans gagnait ses éperons, montrant, à vingt-deux ans, le courage, le sang-froid et les talents militaires d'un vieux général éprouvé au feu de cent batailles, et n'usant de son influence que pour empêcher que son nom fût cité dans les bulletins, tant il craignait de n'avoir pas fait assez pour le pays, en lui sacrifiant sa vie, sa jeunesse, son avenir, son bonheur !... Qui donc maintenant oserait lui contester ces vertus, ces qualités éminentes dont il a donné dans sa vie, si courte, hélas! et si bien remplie, tant de preuves irrécusables?... Méchants, courbez la tête, et n'oubliez pas qu'on doit la vérité aux morts !

« Je m'abstiens de vous recommander les soins à donner aux « blessés, écrivait le maréchal Soult, ministre de la guerre, au « maréchal Gérard, commandant devant Anvers, sachant que « M. le duc d'Orléans leur consacre la plus touchante sollici- « tude. »

Et c'est un des vieux soldats de l'Empire qui rend cette justice au jeune prince.

Enfin, Anvers se rend, et le duc d'Orléans revient à Paris, où de sourdes menées poussaient à l'insurrection, et des balles françaises viennent menacer la vie du prince que les boulets ennemis ont respecté, destiné qu'il était à être soumis aux plus rudes épreuves.

Un an s'écoule; l'expédition de Mascara, en Algérie, est préparée par le maréchal Clausel; le jeune prince court y prendre part, car il y a là dangers et gloire; il donna, dans cette expédition, de nouvelles preuves de ce courage qui est héréditaire dans sa famille; mais atteint presque aussitôt d'une maladie cruelle qui mit ses jours en danger, force lui fut de revenir en France.

En 1836, les bruits les plus ridicules couraient touchant les dispositions malveillantes de certaines cours du Nord envers le cabinet des Tuileries; le duc d'Orléans entreprit alors un voyage en Allemagne; il en visita toutes les cours; et son esprit, ses connaissances, la distinction de ses manières, l'élégance de ses mœurs, lui concilièrent tous les cœurs; le roi de Prusse en particulier lui témoigna une bienveillance toute paternelle. Ce fut pendant son séjour à la cour de ce souverain que le prince royal eut l'occasion de voir la duchesse de Mecklembourg, sœur du duc régnant. L'heureux caractère de cette princesse, la conformité d'humeur qui existait entre eux, firent bientôt naître les plus doux sentiments; une alliance fut proposée, et l'année suivante la princesse Hélène devint l'épouse de l'héritier présomptif du trône de France.

Des fêtes brillantes furent données à Paris à l'occasion de ce mariage, dont se réjouissaient tous les bons citoyens, auxquels il offrait un nouveau gage de sécurité pour l'avenir; mais au milieu des réjouissances publiques surgit tout à coup une horrible catastrophe : un feu d'artifice, dont on disait des merveilles, devait être tiré sur l'emplacement du château du roi de Rome, près la barrière de Chaillot; une foule innombrable s'était portée au Champ-de-Mars pour assister à ce spectacle. Lorsque les dernières fusées furent tirées, vers dix heures du soir, cette foule compacte se mit en mouvement; mais, soit que toutes les précautions désirables n'eussent pas été prises, soit que des malveillants voulussent profiter de cette circonstance pour jeter le deuil parmi leurs concitoyens, les masses devinrent bientôt si serrées aux abords du Champ-de-Mars qu'il leur fut impossible de faire un pas; des cris déchirants s'élevèrent alors de toutes parts; des hommes, des femmes, des enfants, furent écrasés entre ces murailles mouvantes qui allaient se resserrant de plus en plus, et plus de vingt cadavres restèrent sur la place. Paris était consterné; la duchesse d'Orléans surtout était profondément affligée.

« Pareil malheur est arrivé aux fêtes données pour le mariage de l'infortuné Louis XVI, dit-elle tout d'abord, quel affreux présage ! »

Le duc d'Orléans était au désespoir, et les autorités municipales, qui devaient lui donner un bal le lendemain, étant venues prendre ses ordres :

« Messieurs, répondit-il, ni la duchesse ni moi ne saurions prendre part à ces divertissements alors que tant de familles sont dans le deuil à cause de nous. »

Par l'ordre du prince, les blessés reçurent tous les secours imaginables; des pensions furent faites aux veuves et aux orphelins qu'avait faits ce déplorable événement. Le prince royal ne s'en tint pas là : les Chambres, à l'occasion de son mariage, lui ayant accordé un million de rente, il songea tout d'abord à faire participer le peuple à ces largesses, et il donna immédiatement 162,000 francs pour les distributions de livrets de la caisse d'épargne, aux enfants qui se seraient le plus distingués dans les écoles des principales villes du royaume; 300 autres mille francs furent consacrés par lui à diverses libéralités sagement ordonnées, et 50,000 francs pour procurer du travail aux ouvriers de Lyon, dont l'affreuse misère contristait son cœur.

Nous voici arrivés au temps le plus heureux de la vie de ce prince, dont la France pleure aujourd'hui la mort prématurée : rien de plus charmant, de plus doux, de plus suave que l'intérieur de cette jeune famille sur laquelle reposent les destinées de la France ; mais, appelé à gouverner un grand peuple, le prince royal ne croyait pas qu'il lui fût permis de s'endormir dans les délices de la vie privée. Le maréchal Vallée, alors gouverneur de l'Algérie, préparait une expédition pour franchir le Biban et reconnaître la grande communication qui doit réunir Alger à Constantine ; le duc d'Orléans sollicita et obtint de faire partie de cette dangereuse expédition.

Le 27 octobre 1839, la colonne expéditionnaire vint prendre position auprès de la rivière Salée qui coule dans les Portes-de-Fer. Le 28, un ordre du jour fit connaître que la division du duc d'Orléans passerait les Portes-de-Fer pour se porter sur Alger. Le 29, la colonne arriva à Beni-Mansour à dix heures du matin. L'armée avait hâte d'arriver en ce lieu ; depuis deux jours le manque d'eau s'était vivement fait sentir, la seule rivière que l'on eût rencontrée étant salée. Les chevaux n'avaient pu boire depuis cinquante-deux heures. Jusqu'au 31, la marche de la colonne ne fut troublée par aucune circonstance fâcheuse.

Le 31, vers dix heures du matin, quelques coups de fusil furent tirés de l'intérieur d'une tribu sur l'extrême arrière-garde. Le duc d'Orléans s'étant porté rapidement vers le point attaqué, reconnut qu'une faible partie de la population seulement avait pris part à cet acte d'hostilité, et il donna l'ordre de continuer la marche. La division vint faire une grande halte sur la rive droite de l'Ouâd-Beni-Djaad. Presque aussitôt quelques cavaliers arabes se montrèrent derrière l'arrière-garde formée par le 2ᵉ léger; leur nombre augmenta peu à peu, et ils commencèrent, vers une heure, à tirer sur l'infanterie qui couvrait le convoi, puis, au moment où la colonne se remettait en route, ils vinrent s'établir sur un mamelon qui dominait la plaine. Le duc d'Orléans, ne voulant pas les laisser dans une position d'où ils pouvaient inquiéter le flanc droit de la colonne, prescrivit au colonel Miltgen de gravir cette hauteur avec sa cavalerie, en tournant la gauche des Arabes pour les rejeter dans le ravin, en même temps qu'il ordonnait au colonel Changarnier d'appuyer ce mouvement avec deux compagnies d'élite du 2ᵉ léger. Les mouvements furent exécutés avec une grande rapidité sous les yeux du prince; les Arabes furent culbutés, et peu d'instants après, la cavalerie reprit sa position dans la plaine, et appuya le mouvement de retraite que le prince royal fit exécuter à la compagnie de tirailleurs qui avait couvert le départ du convoi. Les Arabes, intimidés par quelques obus qu'on leur lança, s'arrêtèrent immédiatement, et la colonne, après deux heures de marche, vint s'établir entre l'Ouâd-Beni-Djaad et l'Ouâd-Jeïtaum, à peu de distance du confluent de ces deux rivières.

Le 1ᵉʳ novembre, la colonne pénétra dans les massifs de l'Atlas, qui touche au mont Ammal; une arrière-garde, formée par le 17ᵉ léger, resta dans le camp de Benhini, pour donner le temps au convoi de gravir la pente difficile sur laquelle se développe la route. Le colonel Corbin ne tarda pas à être attaqué ; il se retira dans un ordre parfait, tandis que le duc d'Orléans faisait couronner par l'infanterie toutes les crêtes qui dominent la route. La cavalerie se tenait en mesure de le soutenir au besoin, et quelques obus, tirés lorsque les Arabes se groupaient, ne tardèrent pas à les décourager. Les coups de fusil cessèrent entièrement lorsque l'arrière-garde eut dépassé Aïn-Sultan, et la colonne continua sa route sans accident. A quatre heures, elle passa l'Ouad Kaddara, se mit en communication avec le corps commandé par le général Dampierre, et vint s'établir, à six heures du soir, sous le canon du camp de Fondouek.

Après le succès de cette entreprise, la plus importante qui eût été tentée en Afrique depuis la prise d'Alger, le prince royal revint à Paris. Plus que jamais, dans ces derniers temps, l'avenir semblait lui sourire ; deux fils lui étaient nés : le comte de Paris et le duc de Chartres ; rien ne manquait à son bonheur, auquel participaient les personnes admises près de lui. Tous ses serviteurs lui étaient dévoués ; et comment en eût-il été autrement, puisqu'il ne songeait qu'à rendre heureux tout ce qui l'entourait ?

On rapporte que, il y a quelques jours, le prince sortant de chez lui, pressé qu'il était de se rendre près du roi son père, oublia de prendre son chapeau. S'étant aperçu de cet oubli, il saisit en riant le chapeau de son valet de chambre , qui marchait derrière lui , et le posa sur sa tête.

— Monseigneur , dit le fidèle serviteur, souffrez que j'aille...

— Je n'ai plus besoin de rien.

— C'est que ce chapeau....

— Eh bien ! qu'est-ce ? croyez-vous que je n'aie pas le droit de me couvrir du chapeau d'un honnête homme ?

Il faudrait faire des volumes pour rapporter tous les traits de ce genre recueillis dans l'intérieur du prince royal, et nous avons maintenant une tâche trop pénible à remplir pour nous arrêter à des anecdotes qui ne pourraient qu'aiguiser encore notre douleur.

Mercredi dernier , 13 juillet, vers quatre heures de l'après-midi , un bruit sinistre se répandit dans Paris. — Le duc d'Orléans est dangereusement blessé, disaient les uns. — Il est mort ! disaient les autres , malheureusement mieux instruits. Une tristesse profonde était peinte sur tous les visages ; des larmes s'échappaient de tous les yeux. Dans les rues, des groupes se formaient , mais terrifiés et inoffensifs ; on se parlait sans se connaître ; une grande, une immense calamité rapprochait les distances : l'homme du monde s'arrêtait près de l'artisan ; le marchand interrogeait le magistrat , et de toutes parts on s'écriait : — C'est impossible ! Le malheur était si grand , si peu prévu , que personne n'y voulait croire, et pourtant il était trop vrai ! Le roi avait perdu l'aîné de sa race, l'héritier présomptif de la couronne, ce fils en qui reposaient ses plus chères et ses plus anciennes espérances, le prince qui avait conquis par ses talents, ses vertus, son courage, la confiance de l'armée et l'amour du peuple !

Il nous reste à donner les détails de cet affreux événement ; nous les extrairons des versions diverses que nous avons recueillies.

Le prince royal devant partir le mercredi 13 juillet pour Saint-Omer, où il allait inspecter les régiments désignés pour le corps d'armée d'opérations sur la Marne, avait donné des ordres en conséquence. A onze heures du matin, ses officiers et ses équipages étant prêts, le prince monta en voiture pour aller faire ses adieux à la famille royale, qui se trouvait à Neuilly.

La voiture qui conduisait le prince était un cabriolet à quatre roues, en forme de calèche, attelé de deux chevaux à la Daumont. Cet équipage était celui dont S. A. R. se servait habituellement pour ses courses dans les environs de Paris. Le prince était seul, n'ayant permis à aucun de ses officiers de l'accompagner.

Arrivé à la hauteur de la porte Maillot, le cheval monté par le postillon s'effraya et prit le galop. Bientôt la voiture fut emportée dans la direction du chemin de la Révolte. Le prince, voyant que le postillon était dans l'impossibilité de maîtriser ses chevaux, mit le pied sur le marchepied de la voiture, lequel est très-près de terre, et sauta sur la route, à peu près à moitié du chemin de l'avenue qui est perpendiculaire à la porte Maillot.

Le prince tomba sur ses pieds, mais il paraît que les talons portèrent les premiers, ce qui détermina une violente commotion cérébrale et une luxation de la colonne vertébrale; de telle sorte qu'après être resté un instant debout, il tomba lourdement la face contre terre.

Relevé sur-le-champ par un ouvrier et un garde municipal, il fut transporté dans la maison d'un épicier, le sieur Cordier, chemin de la Révolte, 4 *bis*, presque en face des écuries de lord Seymour. Pendant qu'on l'emportait, le postillon, à moins de quarante pas de là, était parvenu à se rendre maître des chevaux sans qu'il fût arrivé d'autre accident à la voiture.

Le duc ayant été étendu sur un lit dans une salle étroite du rez-de-chaussée, et ne reprenant pas connaissance, on se mit en quête des premiers secours que réclamait la gravité de son état. Un médecin des environs, le docteur Baumy, accourut, et lui donna les premiers soins. Une saignée fut pratiquée. Elle ne produisit aucun bien.

Cependant la nouvelle de cet accident avait été apportée à Neuilly. La Reine était partie à pied en toute hâte; le Roi l'avait suivie. S. M. avait dû aller à midi présider le conseil des ministres aux Tuileries. Ses voitures étaient prêtes; elles rejoignirent LL. MM., qui, accompagnées de Madame la princesse Adélaïde, et de Madame la princesse Clémentine, continuèrent leur route en voiture jusqu'à la maison où M. le duc d'Orléans avait été porté, et où il ne donnait presque plus aucun signe de vie. On se figure plus aisément qu'on ne les décrit, l'émotion et la douleur de LL. MM. et de LL. AA. RR. en présence d'un pareil spectacle.

M. le docteur Pasquier fils, premier chirurgien du prince royal, que l'on avait été chercher en toute hâte, arriva bientôt, ainsi que le duc d'Aumale qui se trouvait à Courbevoie, et le duc de Montpensier accouru de Vincennes.

Le docteur, après avoir examiné l'état du blessé, avait déclaré que sa situation était des plus graves. On craignait un épanchement au cerveau, et tous les symptômes se réunissaient malheureusement pour donner crédit à cette appréhension redoutable. Chaque minute semblait empirer le mal. Le prince n'avait pas repris un seul instant connaissance. Quelques mots, confusément prononcés en langue allemande, avaient seuls pu inspirer un espoir presque aussitôt évanoui que conçu.

Le Roi avait fait prévenir les ministres rassemblés en conseil aux Tuileries, et qui s'étaient immédiatement rendus à Sablonville, dans la maison où S. A. R. se mourait. M. le maréchal duc de Dalmatie, président du conseil, M. le maréchal Gérard, MM. les ministres de la justice, des affaires étrangères, de l'intérieur, de la marine, des finances et de l'instruction publique, étaient présents. M. le chancelier de France, M. le préfet de police, M. le lieutenant-général Pajol, M. le général Aupick, les officiers de la maison du Roi et des princes étaient accourus et avaient été introduits dans l'espace laissé libre près de la maison, et entouré d'un cordon de sentinelles.

A deux heures, le mal empirant, le Roi donna l'ordre de faire prévenir Mme la duchesse de Nemours, qui était restée à Neuilly d'après le désir de S. M. La princesse est arrivée quelques instants après, accompagnée de ses dames.

Aucune plume ne peut rendre l'aspect déchirant que présentait la chambre où le prince royal avait été déposé, au moment où la duchesse de Nemours est venue confondre ses larmes avec celles de sa famille. La Reine et les princesses étaient agenouillées auprès du lit du prince mourant, versant sur cette tête si chère des flots de larmes et de prières. Les princes sanglotaient. Le Roi, debout, immobile, les yeux fixés sur le visage décoloré de son fils, suivait les progrès du mal dans un silence douloureux. Au dehors, la foule augmentait à chaque minute, éperdue et consternée. M. le curé de Neuilly et son clergé, prévenus par ordre du Roi, s'étaient immédiatement rendus à Sablonville.

Cependant, sous l'influence d'une médication énergique, l'agonie du prince se prolongeait. La vie se retirait, mais lentement, et non sans lutter contre la destruction qui allait emporter tant de jeunesse. Un moment la respiration parut plus libre; le pouls devint sensible; et comme les cœurs désolés se rattachent aux moindres espérances, on se reprit à espérer. Un instant de calme interrompit cette longue scène d'affliction. Mais cette lueur d'espoir disparut bientôt. A quatre heures, le prince royal était en proie à tous les smyptômes les moins équivoques d'une fin prochaine. A quatre heures et demie, il rendait son âme à Dieu, béni par la religion, qui avait assisté ses derniers moments, entre les bras du Roi son père, qui avait incliné ses lèvres sur ce front mourant. sous les larmes de sa mère infortunée, au milieu des sanglots et des cris de douleur de toute sa famille.

— Encore, si c'était moi ! disait le Roi, en s'efforçant de commander à sa douleur.

La Reine ne fit entendre que ces mots :

— Quel affreux malheur pour la France !....

Ses sanglots l'empêchèrent d'articuler d'autres paroles qui ne se produisirent qu'en sons confus.

Dès que le prince eût rendu le dernier soupir, le Roi entraîna la Reine dans une pièce voisine de la chambre mortuaire, où se trouvaient les ministres et les maréchaux. Le Roi, apercevant le maréchal Gérard qui fondait en larmes, lui prit la main qu'il serra avec une indicible expression de douleur paternelle et de résignation magnanime.

— C'est une dernière et bien cruelle épreuve ! a-t-il dit.

Le maréchal n'a pu répondre ; ses sanglots le suffoquaient.

Pendant ce temps la dépouille mortelle du prince royal avait été placée sur une litière, recouverte d'un drap blanc. La Reine avait refusé de remonter dans sa voiture, et elle avait déclaré qu'elle accompagnerait le corps de son fils jusqu'à la chapelle du palais de Neuilly, où elle avait voulu qu'il fût exposé. En conséquence, on avait fait venir en toute hâte une compagnie d'élite du 17e régiment d'infanterie légère, pour former la haie sur le passage du cortége funèbre ; et c'est ainsi que ces braves, qui avaient accompagné le prince royal dans le défilé des Portes-de-Fer et sur les hauteurs de Mouzaïa, servaient aujourd'hui d'escorte à son convoi. Plusieurs soldats pleuraient. Tous se rappelaient avec quelle valeur brillante le duc d'Orléans abordait l'ennemi, par quelle bienfaisance délicate et généreuse il savait tempérer la rigueur nécessaire du commandement.

A cinq heures, le lugubre cortége s'est mis en route. Le lieutenant-général Athalin marchait en avant de la litière, qui était portée par quatre sous-officiers. Derrière le corps suivaient à pied: le Roi, la Reine, Mme la princesse Adélaïde, Mme la duchesse de Nemours, Mme la princesse Clémentine, M. le duc d'Aumale, M. le duc de Montpensier. Venaient ensuite M. le maréchal Soult, les ministres, le maréchal Gérard, les officiers généraux, les officiers du Roi et des princes, et toute la foule des assistants.

Le convoi parcourut ainsi l'avenue de Sablonville, franchit la vieille route de Neuilly, et entra dans le parc royal, qu'il traversa dans toute sa longueur. Le Roi n'avait voulu céder à personne le droit de conduire ce premier deuil de son fils aîné. Il est ainsi arrivé, accompagné de la Reine, jusqu'à la chapelle du château, où LL. MM. et LL. AA. RR., après s'être agenouillées devant l'autel, ont laissé le corps de cet enfant-bien aimé sous la garde de Dieu !

Le soir, la famille royale s'était retirée. Le chancelier et les ministres seuls ont été admis chez le Roi.

A sept heures, M. Bertin de Vaux, officier d'ordonnance

du prince royal, et M. Chômel, premier médecin de S. A. R.,
sont partis pour Plombières, où Mme la duchesse d'Orléans
devait passer une saison de bain, et où le prince royal devait
l'aller rejoindre après avoir inspecté divers régiments à Saint-
Omer et à Nanci. Deux heures après, Mme la duchesse de Nemours et Mme la princesse Clémentine, accompagnées de
Mme Angelet et de M. le lieutenant-général de Rumigny, pre-
naient également la route de Plombières, en même temps que
M. le commandant de Larue, officier d'ordonnance du Roi, partait pour le château d'Eu, avec mission de ramener les fils du
duc d'Orléans, qui devaient passer l'été dans cette résidence
pour y prendre les bains de mer.

Le lendemain de cet affreux malheur, le Roi, dont l'admira-
ble fermeté ne s'est pas démentie un instant, présidait le conseil des ministres. — Le coup est terrible, a dit Sa Majesté,
mais il ne doit pas ébranler notre confiance dans l'avenir. J'ai
la conviction que nous surmonterons toutes les difficultés.

Le corps du prince, embaumé par MM. les docteurs Pasquier père et fils, sera inhumé à Dreux, dans le caveau destiné
à la famille royale; mais la cérémonie funèbre aura lieu à Paris, dans l'église de Notre-Dame.

La jeunesse du duc d'Orléans avait été bien courte; car on
peut dire qu'il était entré dans l'âge mûr en se mariant. Ses
connaissances étaient à la fois étendues et profondes; il avait
l'amour de l'étude; les sciences et les arts lui étaient chers, et
il se livrait volontiers au charme des lettres. C'était particuliè-

rement à tout ce qui regarde l'art militaire qu'il s'était appliqué. Il connaissait bien l'armée, il en était connu et aimé ; son affabilité lui avait conquis tous les cœurs. Il était bon sans faiblesse, juste surtout, et il se plaisait à récompenser les vrais services. Bien qu'il se soit toujours sagement abstenu de tout rôle ostensible en politique, ses idées libérales étaient connues, et la justesse de son esprit donnait la certitude qu'il serait un roi vraiment constitutionnel, le modèle des rois de l'Europe.

Voilà le prince que nous avons perdu.... Peut-être n'étions-nous pas dignes de le conserver !

Oh ! oui, le coup est terrible ! Il frappe au cœur cette génération nouvelle qui avait mis en lui toutes ses espérances, cette génération dont il faisait partie, qu'il comprenait admirablement et dont il était compris. Il était le gage de notre bonheur futur, de celui de nos enfants, car partout et toujours la France eût pu le montrer avec orgueil à ses amis et à ses ennemis.

« Mais ce coup, a dit le Roi, ne doit pas ébranler notre confiance en l'avenir ; nous surmonterons toutes les difficultés ! »

Dieu le veuille ! Et puisse-t-il, dans sa bonté infinie, doter l'héritier présomptif du trône de tous les talents, de toutes les vertus que possédait le prince enlevé si jeune à notre amour, prince que nous pleurerons longtemps, et que la France n'oubliera jamais !

EXTRAIT

Des Registres de l'État-Civil de la Maison Royale.

Du mercredi treizième jour du mois de juillet mil huit cent quarante-deux, dix heures du soir.

Acte de décès de très-haut et très-puissant prince Ferdinand-Philippe-Louis-Charles-Henri d'Orléans, duc d'Orléans, prince royal, né à Palerme le 3 septembre mil huit cent dix, fils de très-haut, très-puissant et très-excellent prince Louis-Philippe, premier du nom, roi des Français, et de très-haute, très-puissante et très-excellente princesse Marie-Amélie, reine des Français, marié à très-haute et très-puissante princesse Hélène-Louise-Élisabeth, princesse de Mecklembourg-Schwrin, décédé aujourd'hui, à quatre heures après midi, en une maison sise commune de Neuilly, département de la Seine, où il avait été transporté à la suite d'une chute de voiture.

Le présent acte dressé par nous Étienne-Denis, baron Pasquier, chancelier de France, président de la chambre des pairs, grand-croix de l'ordre royal de la Légion-d'Honneur, remplissant, aux termes de l'ordonnance royale du 23 mars 1816, les fonctions d'officier de l'état civil des princes et princesses de la maison royale ; accompagné de Élie, duc Decazes, pair de France, grand-référendaire de la chambre des pairs, grand-croix de l'ordre royal de la Légion-d'Honneur ; assisté de Alexandre-Laurent Cauchy, garde honoraire des archives de la chambre des pairs, chevalier de l'ordre royal de la Légion-d'Honneur,

En présence et sur la déclaration de Jean-de-Dieu Soult, duc de Dalmatie, pair et maréchal de France, ministre de la guerre, président du conseil des ministres, grand-croix de l'ordre royal de la Légion-d'Honneur, né à Saint-Amans-la-Bastide (Tarn), âgé de soixante-treize ans, premier témoin ;

Et de Nicolas-Ferdinand-Marie-Louis-Joseph Martin (du Nord), garde des sceaux, ministre de la justice et des cultes, grand-officier de la Légion-d'Honneur, né à Douai (Nord), âgé de cinquante-un ans, second témoin ;

Fait au château royal de Neuilly, où nous nous sommes transportés en vertu d'ordres du Roi, et où le corps du prince décédé, placé dans la chapelle du château, nous a été représenté par Louis-Marie-Jean-Baptiste baron Athalin, pair de France, lieutenant-général, aide-de-camp du Roi, grand-officier de la Légion-d'Honneur.

Et ont les personnes ci-dessus désignées signé avec nous après lecture faite au château de Neuilly, les jour, mois et an que dessus.

Signé : Maréchal duc DE DALMATIE, N. MARTIN (du Nord), baron ATHALIN, le duc DECAZES, PASQUIER, AL. CAUCHY.